Laten we spelen, mama!
Let's play, Mom!

Shelley Admont

Illustraties van Biljana Serafimovska

www.kidkiddos.com
Copyright ©2019 by KidKiddos Books Ltd.
support@kidkiddos.com

All rights reserved. No part of this book may be reproduced in any form or by any electronic or mechanical means, including information storage and retrieval systems, without written permission from the publisher, except in the case of a reviewer, who may quote brief passages embodied in critical articles or in a review.
First edition, 2019

Edited by Martha Robert
Translated from English by Marcella Oleman
Vertaald vanuit het Engels door Marcella Oleman
Dutch Editing by Elisabeth Meurs
Correcties door Elisabeth Meurs

Library and Archives Canada Cataloguing in Publication
Let's Play, Mom! (Dutch English Bilingual Edition)/ Shelley Admont
ISBN: 978-1-5259-2012-7 paperback
ISBN: 978-1-5259-2013-4 hardcover
ISBN: 978-1-5259-2011-0 eBook

Please note that the Dutch and English versions of the story have been written to be as close as possible. However, in some cases they differ in order to accommodate nuances and fluidity of each language.

Mijn moeder is een wetenschapper. Dat is een hele belangrijke baan. Ze heeft het heel druk.

My mom is a scientist. It is a very important job. She is very busy.

Iedere dag haalt mijn moeder mij op van school.

Every day, Mom picks me up from school.

"Hoi, schatje!" zegt mama met een grote glimlach en een knuffel.

"Hello, sweet pea!" Mom says, with a big smile and a hug.

Ik vraag altijd: "Gaan we vandaag naar het park?"
I always ask, "Are we going to the park today?"

En iedere dag lacht ze.
And every day, Mom laughs.

Ze zegt: "Ja", en neemt me mee naar het grote park op de hoek van onze straat. Het is mijn favoriete plek om naartoe te gaan.
She says, "Yes," and takes me to the big park on the corner of our street. It's my favorite place to go.

Er is een grote rode glijbaan en er zijn schommels en mijn meest favoriete toestel – het klimrek.

There is a big red slide and swings, and my favorite part of all – the monkey bars.

Je kunt er in hangen met je voeten in de lucht, heen en weer zwaaien en doen alsof je bent wat je maar wilt.

You can swing along with your feet hanging in the air and pretend to be anything you like.

Op sommige dagen ben ik een piraat en hang ik in de mast van mijn eigen grote piratenschip.

Some days, I am a pirate swinging through the mast of my own big pirate ship.

Op andere dagen ben ik een ontdekkingsreiziger. Op die dagen moet ik de hele speeltuin oversteken zonder in de rivier te vallen die zogenaamd onder mij ligt.

Other days, I am an explorer. On those days, I have to cross the whole playground without falling into the river that I imagine is below.

Maar mama doet nooit mee met mijn spelletjes. Want ze is een wetenschapper en heeft veel werk. Ze zit op het bankje en typt.

But Mom never joins in with my games. Because she is a scientist and has a lot of work. She sits on the bench and types.

"Mama," vraag ik, "kom je spelen?"

"Mom," I ask, "will you come and play?"

Mama kijkt op van haar laptop. "Sorry, schatje. Ik heb nog wat werk te doen."

Mom looks up from the laptop. "Sorry, sweet pea. I've got to do some more work."

De volgende dag na schooltijd is er iets aan de hand.
After school the next day, something is a little different.

Als ze zegt: "Hallo, schatje!", is haar glimlach niet zo groot.
When she says, "Hello, sweet pea!" her smile is not so big.

Als ik vraag: "Gaan we naar het park vandaag?", zegt ze: "Ja", maar ze lacht niet.

When I ask, "Are we going to the park today?" she says, "Yes," but she doesn't laugh.

Ik ga naar de speeltuin en mijn moeder gaat op het bankje zitten.

I go to the playground and my Mom sits down on the bench.

Ik heb een idee. Spelen maakt me blij, dus zou het mama ook blij moeten maken.

I have an idea. Playing makes me happy, so it should make Mom happy as well.

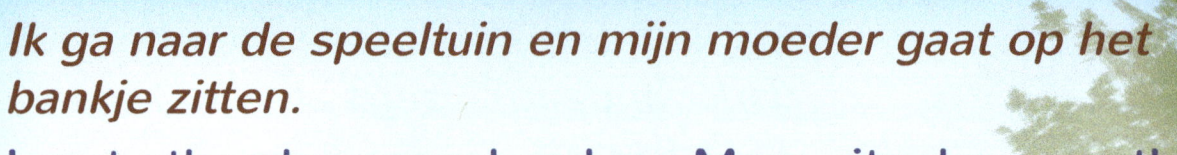

"Kom met me spelen, mama!" zeg ik.
"Come and play with me, Mom!" I say.

"Ik kan niet, schatje. Ik val waarschijnlijk toch van dat ding af", zegt mama met een droevige glimlach.
"I can't, sweet pea. I would probably fall off that thing anyway," says Mom, with a sad smile.

"Ik leer het je, mama! Het is leuk!"
"I'll teach you, Mom! It's fun!"

Mama zucht. Ze zet haar laptop neer en komt naar me toe.
Mom sighs. She puts down her laptop and comes over to me.

"Ok dan, schatje", zegt ze. Laat het me maar zien."
"Come on then, sweet pea," she says. "Show me."

Als ze de ladder opklimt, begint ze weer te glimlachen.

When she climbs up the ladder, she starts to smile again.

Ik leer haar hoe ze de stangen moet vastpakken en hoe ze van de ene stang naar de andere moet zwaaien.

I teach her how to hold the bars and how to swing from one bar to the other.

Als ze het verkeerd doet, zeg ik: "Nee, mama, zo!" en ze glimlacht. Het is een grote glimlach.

When she does it wrong, I say, "No, Mom, like this!" and she smiles. It's a big smile.

"Laten we doen alsof we apen in een bos zijn!" zeg ik. "Kijk, ik eet een banaan!"

"Let's pretend we're monkeys in a forest!" I say. "Look, I'm eating a banana!"

"Dan ben ik een moederaap", zegt mama zwaaiend. "Kijk, babyaap, ik zit je achterna!"

"I'm a mommy monkey, then," says Mom, swinging. "Look, baby monkey, I'm chasing you!"

Maar ik speel al langer in deze speeltuin dan mama. Ik ben sneller en ze krijgt me niet te pakken.

But I have been playing at this playground longer than Mom. I am faster, and she can't catch me.

Dat maakt ons allebei aan het lachen.

That makes us both laugh.

"Vind je spelen leuk, mama?" vraag ik hangend op de kop.

"Do you like to play, Mom?" I ask, hanging upside down.

Mama lacht. "Ja, schatje, ik vind spelen heel leuk!"

Mom laughs, "Yes, sweet pea, I love to play!"

Mijn moeder is nu weer blij!

My mom is happy again now!

"Dat was leuk!" zeg ik. "Kunnen we dat nog een keer doen?"
"That was fun!" I say. "Can we do it again?"

"Ja, natuurlijk kunnen we dat", zegt mama.
"Yes, of course we can," says Mom.

De volgende dag na schooltijd haalt mama me weer op en neemt me mee naar de speeltuin.

The next day, after school, Mom picks me up again and takes me to the playground.

Als we bij het park aankomen, gaat ze niet op het bankje zitten.

When we get to the park, Mom doesn't sit down on the bench.

"Wat doe je, mama?" vraag ik.

"What are you doing, Mom?" I ask.

"Ik ga met je spelen. Dat is leuk!" zegt mama.

"I'm going to play with you. It's fun!" says Mom.

Ik ben zo blij! Ik wilde altijd al dat mijn moeder met me speelt.

I am so happy! I have always wanted my mom to play with me.

We spelen weer in de speeltuin. Mijn moeder heeft veel goede ideeën voor spelletjes. Dat maakt spelen nog beter!

We play at the playground again. My mom has lots of good ideas for games. That makes playing even better!

En ze vindt het leuk – net als ik!

And she likes it – just as much as I do!

www.ingramcontent.com/pod-product-compliance
Lightning Source LLC
LaVergne TN
LVHW072105060526
838200LV00061B/4807